A Mimi Rivault.
E. T.

Para Su₃anne.
V. A.

Título original: *Inventaire illustré des animaux*

© de la edición original: Albin Michel Jeunesse, 2009
© de la traducción: Pedro A. Almeida, 2012
© de esta edición: Kalandraka Editora, 2012

Italia, 37 - 36162 Pontevedra
Tel.: 986 860 276
faktoria@faktoriakdelibros.com
www.faktoriakdelibros.com

Coordinadores de colección: Xulio Gutiérrez y Chema Heras
Faktoría K de libros es un sello editorial de Kalandraka

Impreso en Gráficas Anduriña, Poio
Primera edición: febrero, 2012
ISBN: 978-84-15250-33-3
DL: PO 699-2011
Reservados todos los derechos

MIXTO
Papel procedente de
fuentes responsables
FSC® C104983

Virginie
Aladjidi

iNVENTARiO de aNiMaLeS *Ilustrado*

Emmanuelle
Tchoukriel

FAKTORÍA K DE LIBROS

PRÓLOGO

Emmanuelle Tchoukriel, pintora y dibujante formada en ilustración médica y científica, representa los elementos de la naturaleza con la precisión y el gusto estético de los exploradores naturalistas de los últimos siglos.

Antes de la invención de la fotografía (hacia 1830), los naturalistas dibujaban tomando como modelos animales muertos o disecados y, gracias a su talento, les hacían cobrar vida sobre el papel. Emmanuelle Tchoukriel ha dibujado estos cien animales a partir de la observación de animales vivos y de múltiples fotografías.

El trazo negro de sus imágenes ha sido dibujado con rotring y tinta china. Los colores se han aplicado con acuarela, jugando con la transparencia de los tonos.

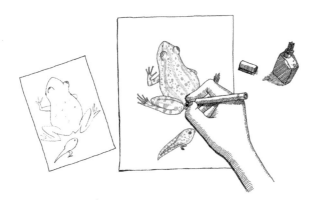 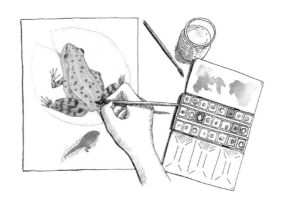

En este inventario, no exhaustivo, los animales están clasificados para dar al lector una idea del medio ambiente en el que viven. Hay que precisar que bajo el título de «Bosques tropicales», se engloban los bosques tropicales de América, África y Asia; como «Zonas desérticas», las zonas desérticas de diferentes continentes; «Océanos» incluye tanto los océanos fríos como los cálidos. En «Montañas templadas», «Costas y riberas», «Zonas habitadas» y «Granjas» se incluyen principalmente los animales de Europa.

Los científicos agrupan a los animales basándose sobre todo en sus semejanzas. Se suelen distinguir en principio dos grandes conjuntos: por una parte, los vertebrados, que tienen columna vertebral y, por otra, los invertebrados (como los insectos), que no la tienen. Cada uno de estos conjuntos está dividido a su vez en numerosos grupos, llamados «clases». Por ello, en cada animal, hemos mencionado la clase en la que está ubicado, así como el nombre científico, en latín, de su especie. Hay que tener en cuenta que la clasificación de los animales ha ido evolucionando a medida que se han ido produciendo nuevos descubrimientos, que los científicos no siempre coinciden en la terminología, y que algunas denominaciones también han cambiado como, por ejemplo, los anfibios, que eran antiguamente conocidos como «batracios».

Los vertebrados que existen en la actualidad están ordenados en una decena de clases. En este libro se pueden admirar animales que pertenecen a las seis principales: mamíferos, aves, peces cartilaginosos, peces de aletas con radios, anfibios y reptiles.

Los invertebrados, que representan el 95 % de las especies animales, están repartidos en más de 60 clases. En este caso no hemos escogido un animal de cada clase, sino que hemos dado más importancia a la belleza de las imágenes que a la visión científica global.

No todos los animales de esta obra guardan la misma proporción. Solo están realizados a la misma escala los animales que aparecen juntos en las dobles páginas:

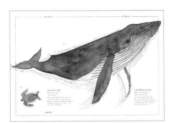
ballena jorobada /
tortuga laúd:
lámina 9

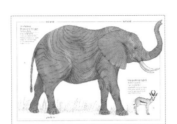
elefante de sabana africano /
gacela springbok:
lámina 26

jirafa adulta /
cría de jirafa:
lámina 31

Algunas de estas especies están amenazadas, como el tigre o el chimpancé; otras, como el rinoceronte negro, la foca monje y la tortuga laúd, están en grave peligro de extinción; las hay que incluso ya han desaparecido en estado salvaje, como el órix. Ojalá esta obra pueda aumentar la voluntad de protegerlos y, de una manera general, incitarnos a la curiosidad y al respeto por estos animales tan hermosos.

SUMARIO

Oso polar

Ursus maritimus

Clase: MAMÍFERO

El oso polar, el gigante de la banquisa,
se confunde con el hielo blanco;
solo sus ojos y su hocico son negros.
Sus patas, ligeramente palmeadas,
le permiten nadar muy bien.

— lámina 1 —

Pingüinos emperadores

Aptenodytes forsteri

Clase: AVE

Estas aves no pueden volar, pero nadan
muy bien gracias a su plumaje denso
y a sus patas palmeadas.
El macho y la hembra se seducen
saludándose y tocándose los picos.
El macho es el encargado de incubar los huevos.

— lámina 2 —

Búho ártico

Bubo scandiacus

Clase: AVE

El búho ártico pasa más tiempo posado
en las ramas o en tierra que volando.
Sus plumas largas y espesas, que cubren
sus patas y casi esconden su pico,
lo mantienen caliente.
El plumaje de la hembra está salpicado
de manchas negras, mientras que
el del macho es totalmente blanco.

— lámina 3 —

Zorro ártico

Alopex lagopus

Clase: MAMÍFERO

Pardo en verano y blanco en invierno,
este zorro tiene un espeso pelaje
que lo protege del frío.
El pequeño tamaño de sus orejas limita
las pérdidas de calor de su cuerpo.

— lámina 4 —

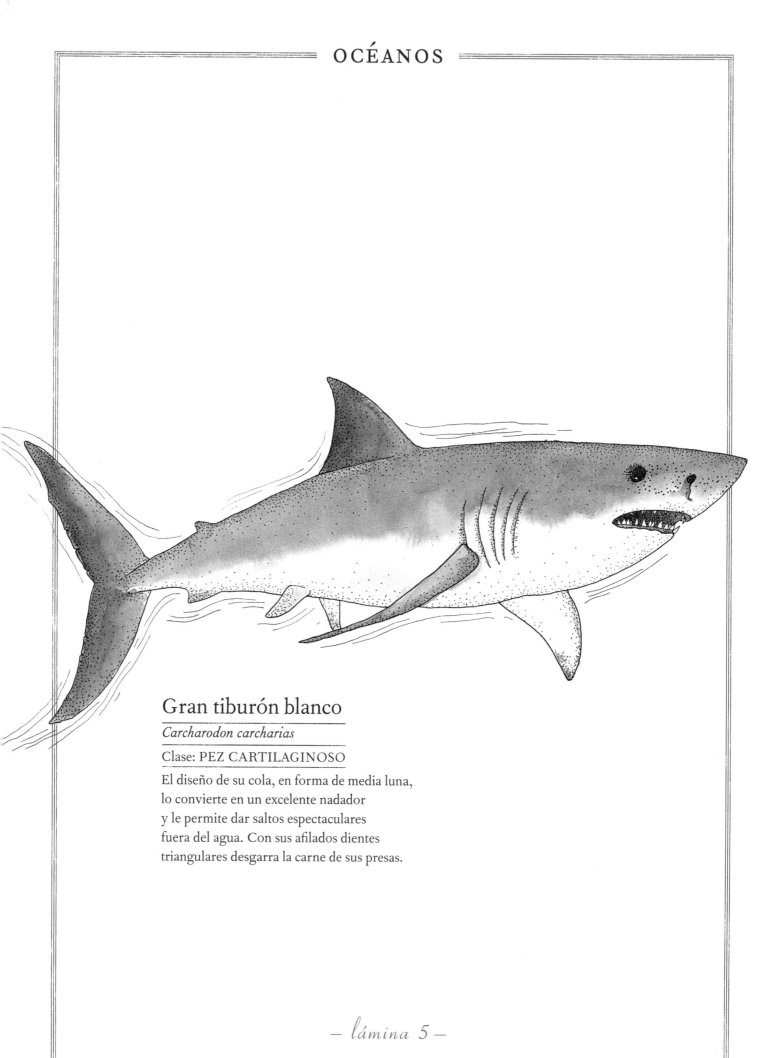

Gran tiburón blanco

Carcharodon carcharias

Clase: PEZ CARTILAGINOSO

El diseño de su cola, en forma de media luna,
lo convierte en un excelente nadador
y le permite dar saltos espectaculares
fuera del agua. Con sus afilados dientes
triangulares desgarra la carne de sus presas.

Delfines comunes
Delphinus delphis

Clase: MAMÍFERO

El delfín no cesa de moverse,
ni siquiera cuando duerme,
porque debe salir regularmente
a la superficie del agua para respirar.
Su cuerpo fusiforme y su piel lisa
hacen de él un formidable nadador.

Gamba gris

Crangon crangon

Clase: CRUSTÁCEO

Es muy abundante en los fondos arenosos.

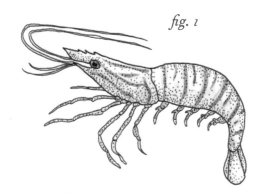

fig. 1

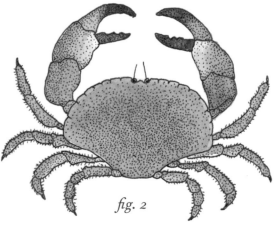

fig. 2

Buey de mar

Cancer pagurus

Clase: CRUSTÁCEO

Su cuerpo está protegido por una coraza lisa.

Pulpo común

Octopus vulgaris

Clase: CEFALÓPODO

Tiene ocho tentáculos con ventosas.

fig. 3

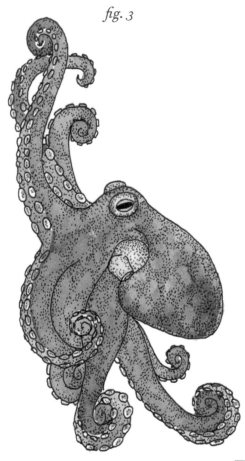

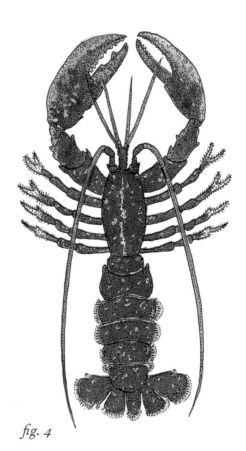

fig. 4

Langosta europea

Homarus gammarus

Clase: CRUSTÁCEO

Tiene diez patas, dos de ellas con enormes pinzas.

Foca monje
del Mediterráneo

Monachus monachus

Clase: MAMÍFERO

La piel de la foca monje macho
es marrón oscura con
una mancha blanca en el vientre.
Disfruta comiendo peces.
Es una especie amenazada
de extinción: en 2008 quedaban menos
de 500 ejemplares en todo el mundo.

Tortuga laúd

Dermochelys coriacea

Clase: REPTIL

La tortuga laúd es la mayor de todas las tortugas
y ostenta el récord de distancia nadando
(realiza migraciones de varios miles de kilómetros).
Tiene un caparazón alargado con cinco nervaduras.
Se alimenta de medusas.

fig. 2

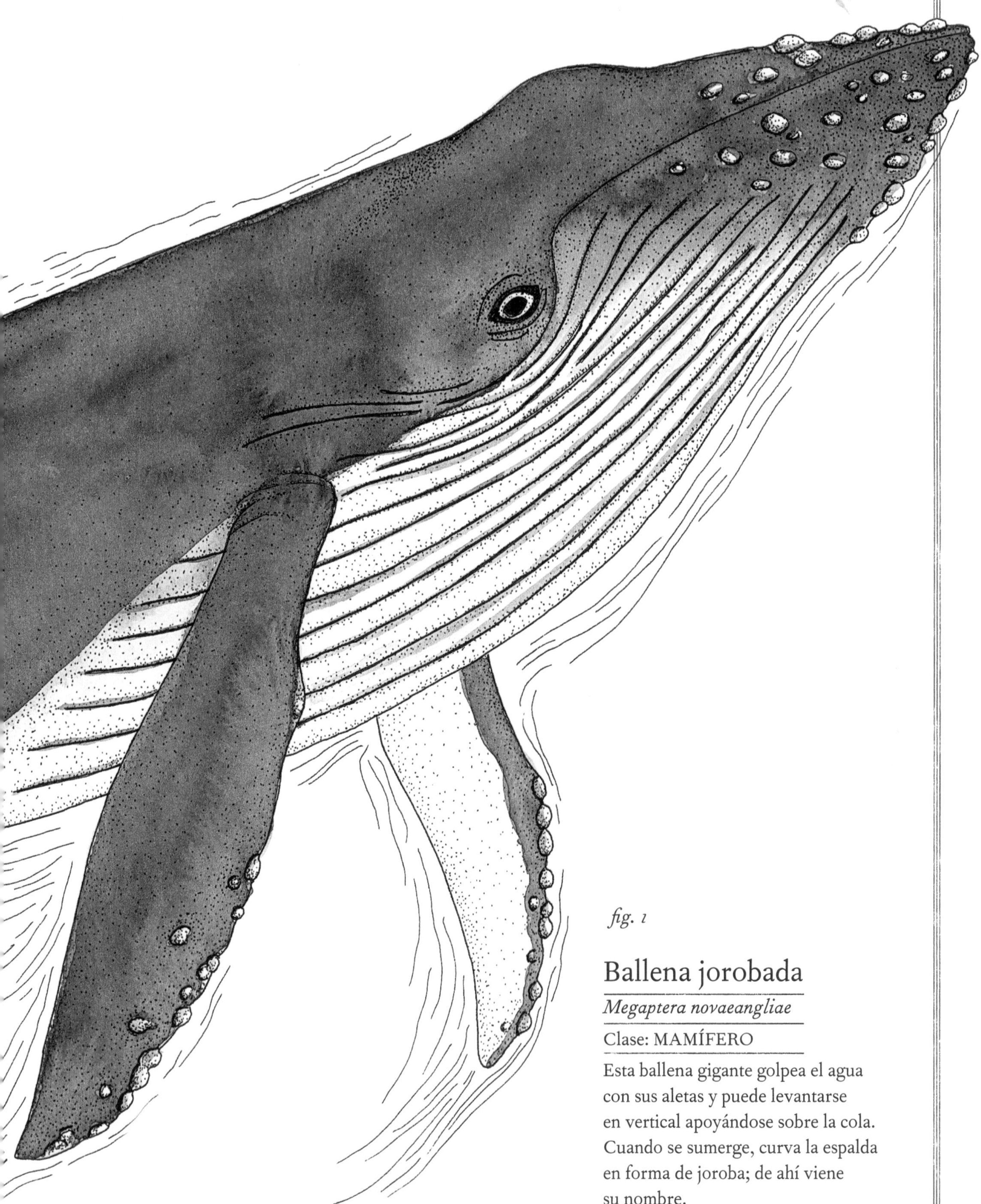

fig. 1

Ballena jorobada

Megaptera novaeangliae

Clase: MAMÍFERO

Esta ballena gigante golpea el agua
con sus aletas y puede levantarse
en vertical apoyándose sobre la cola.
Cuando se sumerge, curva la espalda
en forma de joroba; de ahí viene
su nombre.

Nutria de mar con su cría

Enhydra lutris

Clase: MAMÍFERO

Es el menor de los mamíferos marinos.
Gracias a su pelaje muy denso, grueso
e impermeable, la nutria se adapta muy bien
al agua fría. A menudo flota sobre la espalda,
con las patas fuera del agua, especialmente
para dormir y para mantener a su cría
protegida sobre el vientre.

Medusa pelagia

Pelagia noctiluca

Clase: ESCIFOZOO

Tiene cuatro brazos
y ocho finos tentáculos
extensibles.

fig. 1

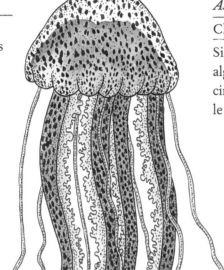

Estrella de mar común

Asterias rubens

Clase: ASTEROIDEO

Si se le corta
alguno de sus
cinco brazos,
le vuelve a crecer.

fig. 2

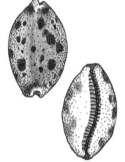

fig. 3

Porcelana tigre

Cypraea tigris

Clase: GASTERÓPODO

Este marisco se nutre de algas.

Vieira

Pecten maximus

Clase: BIVALVO

Su concha de dos valvas protege
al animal que vive en el interior.

fig. 4

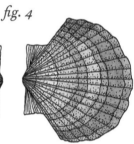

fig. 5

Coral rojo

Corallium rubrum

Clase: ANTOZOO

El coral está constituido por una colonia
de animales minúsculos.

Caballito de mar
o hipocampo

Hippocampus guttulatus

Clase: PEZ DE ALETAS CON RADIOS

El macho es el que lleva los huevos
en su bolsa ventral.

fig. 6

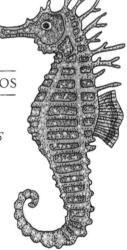

Rana flecha venenosa

Dendrobates tinctorius

Clase: ANFIBIO

fig. 1

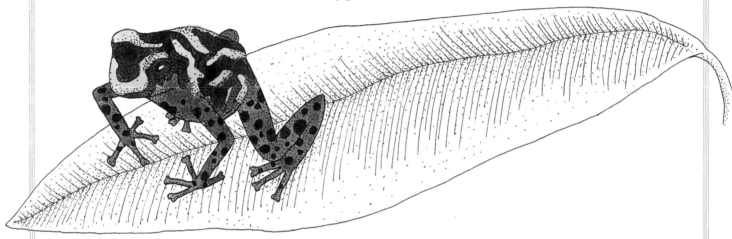

Los vivos colores de estas ranas
advierten a los predadores
de que son venenosas, ya que su piel
produce sustancias tóxicas.

fig. 2

Rana fresa

Dendrobates pumilio

Clase: ANFIBIO

Perezoso de tres dedos

Bradypus tridactylus

Clase: MAMÍFERO

El perezoso tiene los brazos más largos
que las piernas. Se desplaza
muy lentamente, de día o de noche.
Duerme hasta veinte horas al día.
Su pelaje es de una tonalidad verdosa,
debido a unas algas microscópicas
que viven sobre él.

Tigre

Panthera tigris

Clase: MAMÍFERO

El tigre, con su traje amarillo rayado de negro, es el mayor de los felinos. Caza sobre todo al atardecer. Cada vez hay menos tigres en el mundo.

Oso hormiguero gigante

Myrmecophaga tridactyla

Clase: MAMÍFERO

El oso hormiguero tiene el hocico
muy largo, las orejas pequeñas
y la cola tupida. Camina muy despacio
y abre los hormigueros con las garras
de sus patas delanteras. Luego recoge
la comida con su larga y pegajosa lengua.

Camaleón orejero

Chamaeleo dilepis

Clase: REPTIL

El camaleón puede mover los dos ojos
de forma independiente uno del otro. Cuando localiza
un insecto, lanza su lengua pegajosa para atraparlo.
En contra de la creencia popular, el camaleón
no cambia de color para camuflarse en función de los objetos
que lo rodean, sino para comunicar a otros camaleones
su estado de ánimo. Su piel también puede cambiar
de color dependiendo de la temperatura
o de su estado de salud.

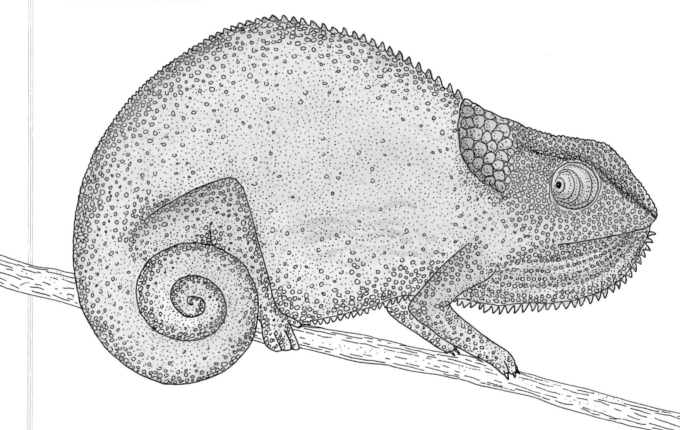

— lámina 16 —

Tucán de pico acanalado

Ramphastos vitellinus vitellinus

Clase: AVE

El tucán vive en los árboles y no vuela muy bien. Su pico grueso, largo, hueco y ligero, le sirve para recoger frutos caídos de los árboles y para comer huevos de pájaro y animales pequeños. Cuando llueve, abre mucho el pico para beber.

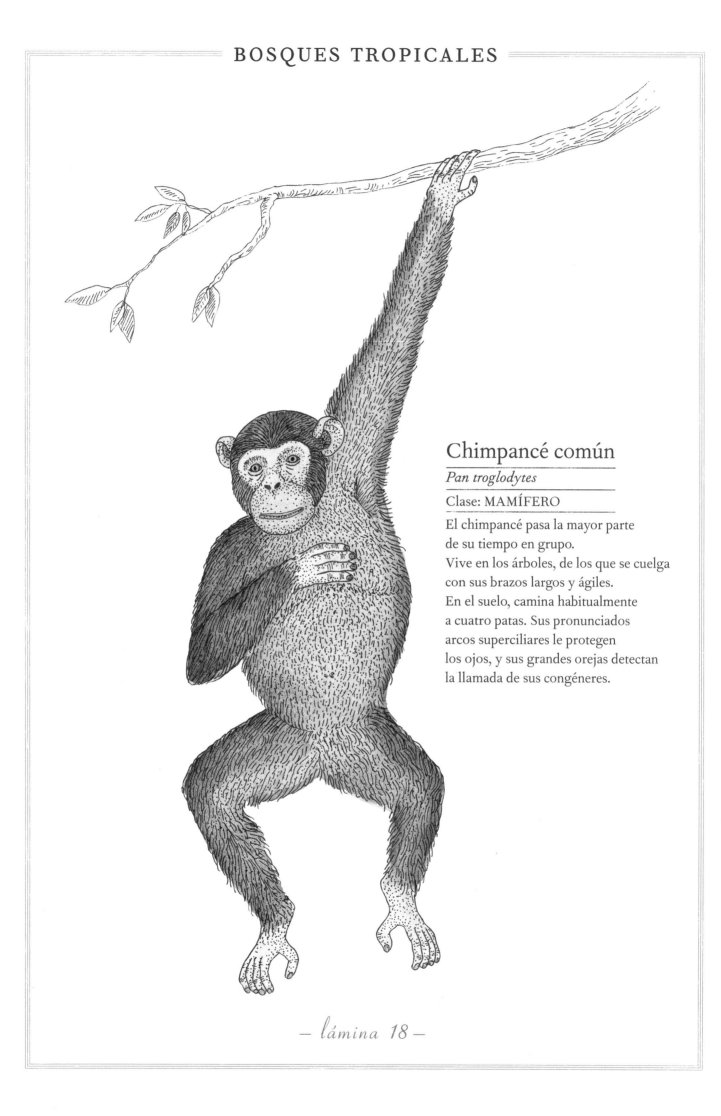

Chimpancé común

Pan troglodytes

Clase: MAMÍFERO

El chimpancé pasa la mayor parte
de su tiempo en grupo.
Vive en los árboles, de los que se cuelga
con sus brazos largos y ágiles.
En el suelo, camina habitualmente
a cuatro patas. Sus pronunciados
arcos superciliares le protegen
los ojos, y sus grandes orejas detectan
la llamada de sus congéneres.

— lámina 18 —

Yacaré coronado o caimán de Schneider

Paleosuchus trigonatus

Clase: REPTIL

Este caimán tiene un modo de vida esencialmente terrestre y se alimenta sobre todo de pequeños mamíferos de la selva. El hocico de los caimanes es más ancho y más corto que el de los gaviales o los cocodrilos.

Jerbo del desierto

Jaculus jaculus

Clase: MAMÍFERO

El jerbo puede dar grandes saltos,
porque sus patas traseras
son mucho más largas que las delanteras.
La cola le sirve para mantener el equilibrio.
Prefiere salir de su madriguera
sólo por la noche.

Crótalo de Texas o cascabel diamante del Oeste

Crotalus atrox

Clase: REPTIL

Este crótalo recibe el nombre
de serpiente de cascabel
por los anillos córneos que tiene
en el extremo de la cola,
con los que hace un ruido
semejante al de un sonajero.

fig. 1

fig. 2

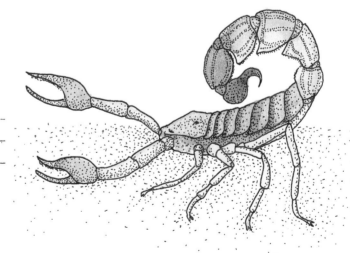

Escorpión de las arenas

Buthacus arenicola

Clase: ARÁCNIDO

El esqueleto externo del escorpión
es un caparazón que le protege
de la deshidratación.
Aún así, permanece a la sombra
todo el día para protegerse del sol.

Dromedario

Camelus dromedarius

Clase: MAMÍFERO

El dromedario, denominado barco del desierto,
cierra los orificios de la nariz cuando hay tormentas de arena,
y sus ojos y orejas están protegidos por largos pelos.
Puede permanecer durante muchos días sin beber.
Su joroba es una reserva de grasa que puede transformar
en energía y en agua.

Órix gacela

Oryx dammah

Clase: MAMÍFERO

El órix tiene anchas pezuñas
adaptadas al desierto y unos cuernos
muy largos y anillados.
Puede pasar sin agua varias semanas.
Es una especie que ya no existe
en estado salvaje.

Avestruz

Struthio camelus

Clase: AVE

El avestruz es el ave
de mayor tamaño.
Tiene las patas largas y robustas
y corre a gran velocidad,
pero no puede volar.
Solamente tiene dos dedos
en cada pie.

Fénec

Vulpes zerda

Clase: MAMÍFERO

El zorro del desierto se comunica
con ladridos, como los perros.
Sus patas peludas evitan
que se hunda en la arena
y lo aíslan del calor.

Elefante de la sabana africana

Loxodonta africana

Clase: MAMÍFERO

El mayor de los animales terrestres, el elefante, se desplaza con agilidad y nada con rapidez. Con su trompa se lleva a la boca frutas, hojas y cortezas.

fig. 1

Gacela springbok

Antidorcas marsupialis

Clase: MAMÍFERO

Animal rápido y ágil,
de largas y finas patas.
Esta gacela de cuerpo ligero puede dar
saltos de tres metros de altura.

fig. 2

León, leona y su cachorro

Panthera leo

Clase: MAMÍFERO

Los leones son cazadores rápidos y ágiles.
Sus mandíbulas son poderosas, y sus garras,
aceradas y retráctiles. El león se distingue de la leona
por su cabeza, más grande, y por su espesa melena.

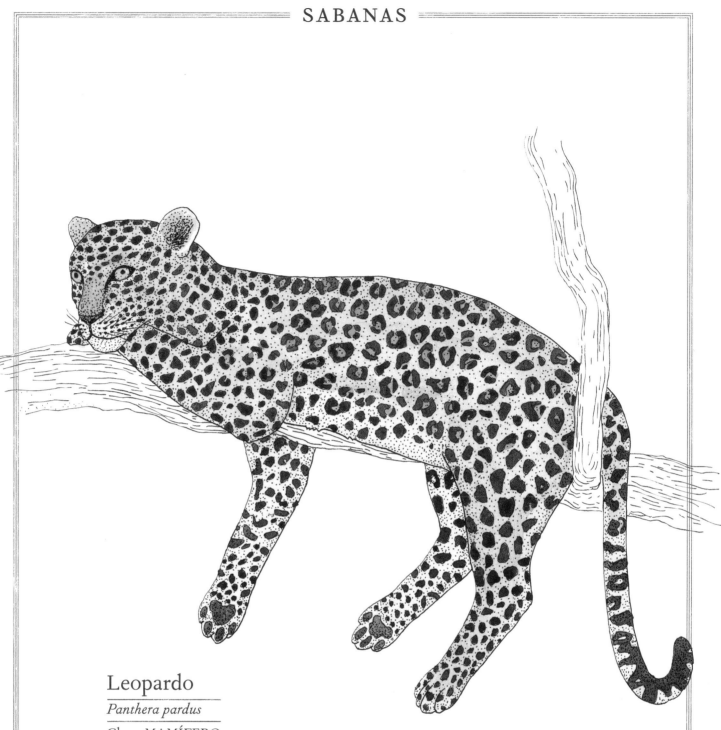

Leopardo

Panthera pardus

Clase: MAMÍFERO

El pelaje de esta especie es generalmente
amarillo claro salpicado de manchas pardas.
También existen algunos individuos muy oscuros,
a los que llamamos panteras negras.
Gracias a sus fuertes hombros y a sus musculosas
patas delanteras, el leopardo sube a menudo a los árboles
para comerse a su presa o para descansar.

Picabuey de pico rojo

Buphagus erythrorhynchus

Clase: AVE

El picabuey come los parásitos
que se nutren de la sangre
de las heridas de los grandes mamíferos.

fig. 1

fig. 2

Rinoceronte negro

Diceros bicornis

Clase: MAMÍFERO

En la seca sabana, el rinoceronte
se revuelca a menudo en el barro
para refrescarse y deshacerse
de sus parásitos. Su piel gruesa
carece por completo de pelos.

Cebra de las llanuras

Equus quagga

Clase: MAMÍFERO

La cebra tiene las orejas largas
y la cabeza grande y estrecha.
Pasta por las mañanas y al atardecer.
Duerme de pie.

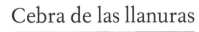

Jirafa y su cría
Giraffa camelopardalis
Clase: MAMÍFERO

fig. 1

La jirafa es un grácil gigante de cuello largo. Sus patas delanteras son más largas que las traseras; por eso tiene la espalda inclinada.

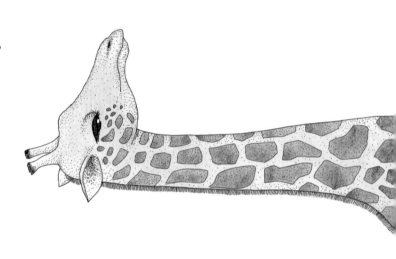

fig. 2

Desde su nacimiento, la cría de jirafa es muy parecida a sus padres: tiene forma de adulto a escala reducida, a pesar de que ya mide dos metros de alto. Las madres y las crías viven agrupadas en grandes familias.

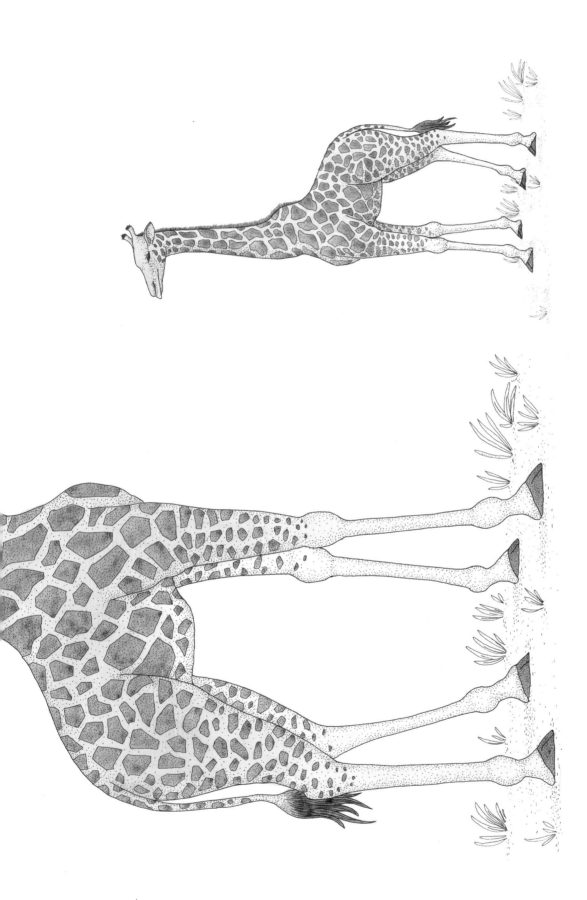

Marmota de los Alpes

Marmota marmota

Clase: MAMÍFERO

La marmota es un roedor
con largos dientes incisivos anaranjados.
Nunca se aleja de su madriguera
y vigila los alrededores levantada
sobre sus patas traseras.

Águila real

Aquila chrysaetos

Clase: AVE

El águila real planea durante horas
con sus largas y poderosas alas.
Utiliza sus garras curvas y afiladas
para atrapar animales como serpientes,
conejos, marmotas o ciervos,
a los que desgarra con su pico curvado.

Lobo gris

Canis lupus

Clase: MAMÍFERO

El lobo gris tiene grandes colmillos puntiagudos,
un gran hocico y unas largas y potentes patas con garras.
Este cazador aúlla para advertir de su presencia
y para defender su territorio.

Comadreja

Mustela nivalis

Clase: MAMÍFERO

La comadreja tiene la cabeza pequeña,
apenas más ancha que el cuello,
y la cola corta. Esto le permite entrar
en las madrigueras de los conejos.
También trepa a los árboles
para saquear nidos de pájaros.

Perdiz alpina
o perdiz nival

Lagopus mutus

Clase: AVE

La perdiz alpina, ave rechoncha de pico corto
y pequeñas alas redondeadas, tiene patas sólidas
y muy emplumadas que emplea como raquetas
sobre la nieve blanda.

Es totalmente blanca en invierno, y cambia
casi por completo a marrón grisáceo en verano.

— lámina 36 —

Rebeco

Rupicapra rupicapra

Clase: MAMÍFERO

El rebeco es un ágil trepador;
da saltos de dos metros de alto
y seis metros de largo.
Tanto el macho como la hembra
tienen cuernos cuyas puntas
se curvan hacia atrás.

Ciervo

Cervus elaphus

Clase: MAMÍFERO

El ciervo tiene una cornamenta
con múltiples ramificaciones,
llamadas cuernas, que se caen
y se renuevan cada año.
Su piel es marrón rojiza durante
el verano y marrón grisácea
en el invierno.

Ardilla roja

Sciurus vulgaris

Clase: MAMÍFERO

Su espalda es marrón rojiza en verano,
y más grisácea en invierno.
Su tupida cola es más larga
que el resto de su cuerpo.
La ardilla trepa y salta. Se alimenta
en el suelo o en los árboles, sujetando
la comida, por ejemplo frutos secos,
bayas o huevos, entre sus patas delanteras.

— lámina 39 —

Críalo

Clamator glandarius

Clase: AVE

El críalo vuela en grupos y salta
sobre el suelo con la cola levantada.
Pone los huevos en los nidos
de otros pájaros, que, engañados,
incubarán y alimentarán al polluelo.

fig. 1

Erizo europeo

Erinaceus europaeus

Clase: MAMÍFERO

El erizo tiene la cabeza puntiaguda.
Un adulto puede tener alrededor
de siete mil púas que se yerguen
cuando se siente amenazado.
Se encuentra en setos y jardines.

Caracol común

Helix pomatia

Clase: GASTERÓPODO

El caracol anda por el límite del bosque
y por las praderas avanzando sólo hacia delante,
gracias a las contracciones del único músculo
que constituye su pie.

fig. 2

Jabalina y sus jabatos

Sus scrofa

Clase: MAMÍFERO

A pesar de su cuerpo robusto
y sus cortas patas, el jabalí corre veloz
y nada bien. La hembra, la jabalina,
vive en grupo con sus jabatos,
también llamados rayones.

fig. 1

fig. 2

El jabato o rayón es la cría del jabalí.
Debe ese nombre a las rayas claras
que tiene en la espalda, que le ayudan
a camuflarse entre las hojas y las hierbas.

Zorro rojo

Vulpes vulpes

Clase: MAMÍFERO

Su pelaje es generalmente rojo,
en ocasiones marrón grisáceo.
Tiene la cola larga y gruesa.
El zorro anda a paso ligero.
Se resguarda en la madriguera,
donde también cría a sus cachorros.

fig. 1

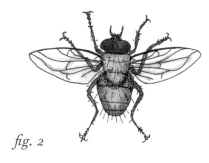

fig. 2

Abeja doméstica

Apis mellifera

Clase: INSECTO

Vive en una sociedad organizada
de más de cuarenta mil individuos.

Mosca verde

Lucilia sericata

Clase: INSECTO

Se alimenta de líquidos
que toma con su corta trompa.

fig. 3

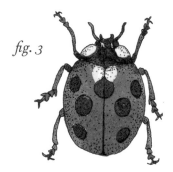

Mariquita
de siete puntos

Coccinella septempunctata

Clase: INSECTO

Es carnívora y come alrededor
de ciento cincuenta pulgones al día.

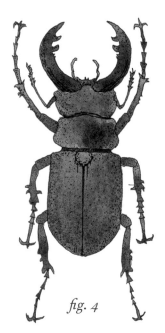

fig. 4

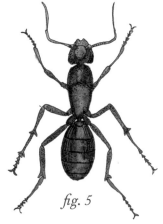

fig. 5

Ciervo volante

Lucanus cervus

Clase: INSECTO

El macho tiene unas enormes mandíbulas
que atemorizan a sus rivales.

Hormiga negra
de los bosques

Lasius fuliginosus

Clase: INSECTO

Para desplazarse, sigue el olor
que dejan sus congéneres.

Salamandra común

Salamandra salamandra

Clase: ANFIBIO

La salamandra sale por la noche,
dejando su refugio fresco y húmedo,
para conseguir alimento.
La hembra deposita las larvas
recién nacidas en aguas poco profundas.
En estado adulto, la salamandra
ya no puede nadar.

Ánade real macho, hembra y su pollo

Anas platyrhynchos

Clase: AVE

fig. 1

El ánade real utiliza
sus patas palmeadas
como remos para nadar.
También sabe volar.
El plumaje del macho es pardo
y moteado; pero en época
de reproducción las plumas
de la cabeza se vuelven verdes,
el pico, amarillo, y
el collar, blanco.

fig. 3

fig. 2

El ánade hembra
tiene un plumaje moteado
en distintos tonos
de castaño.

Desde su nacimiento, el pollo
del ánade segrega un aceite
que esparce con el pico para
impermeabilizar sus plumas.

Cisne común y su pollo

Cygnus olor

Clase: AVE

El cisne adulto tiene el cuello largo
y flexible, el plumaje blanco y las patas
y pies negros. El pico, que es rojo anaranjado,
tiene una mancha negra en la punta.
El cisne toma velocidad corriendo
sobre el agua antes de despegar.
Aunque es muy pesado, vuela muy bien.
Puede transportar a su polluelo en la espalda.

Martín pescador europeo

Alcedo atthis

Clase: AVE

fig. 1

El martín pescador vive
a la orilla de aguas limpias
y poco profundas.
Para pescar se zambulle en el agua
con la cabeza por delante
y las alas estiradas hacia atrás.

fig. 2

Cuando captura una presa,
agita las alas con fuerza para salir
del agua. Luego la mata antes
de tragársela.

Libélula emperador

Anax imperator

Clase: INSECTO

La libélula es muy rápida volando
y hace piruetas y acrobacias
con sus cuatro alas independientes.
También se puede posar sobre el agua.
Es carnívora: se alimenta
de pequeños insectos voladores
como moscas y mosquitos.

Garza real europea

Ardea cinerea

Clase: AVE

La garza camina con elegancia en aguas poco profundas. Cuando percibe algún movimiento en el agua, ensarta en el pico peces o ranas con un veloz movimiento del cuello.

Rana verde y renacuajo

Rana esculenta

Clase: ANFIBIO

fig. 1

Las patas traseras de la rana son muy robustas y adecuadas para saltar. La rana no bebe por la boca, sino que absorbe el agua a través de su piel, lisa y resbaladiza, que debe mantener siempre húmeda.

fig. 2

El renacuajo sale del huevo cinco días después de su fecundación. Alrededor de tres meses después sufre una metamorfosis: se forman las patas traseras, más tarde las delanteras, a la vez que desaparece la cola. Entonces, ya convertido en rana, podrá salir del agua.

Tritón alpino

Ichthyosaura alpestris

Clase: ANFIBIO

El tritón alpino es un nadador muy veloz. Pasa la mayor parte del tiempo en el agua, sobre todo en primavera, durante el período de reproducción. A veces podemos verlo en tierra, resguardado en lugares frescos y húmedos o caminando lentamente cerca del agua.

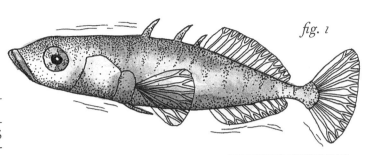

fig. 1

Espinosos o espinochos
(macho y hembra)

Gasterosteus aculeatus

Clase: PEZ DE ALETAS CON RADIOS

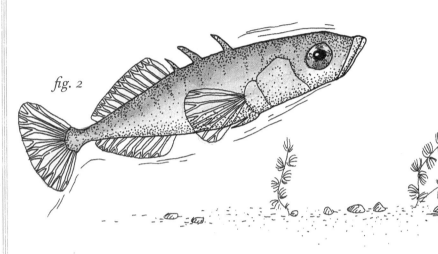

fig. 2

En primavera, el espinoso
macho exhibe su vientre,
que en esta época se pone
rojo para atraer a la hembra.
Después del apareamiento,
la hembra, de color
verde plateado,
pone los huevos
en el nido que el macho
ha construido previamente
en el fondo del río.

Lucio europeo

Esox lucius

Clase: PEZ DE ALETAS CON RADIOS

Con su única aleta dorsal, el lucio es un pez muy veloz.
Su coloración verdosa rayada de tonos claros
le permite camuflarse entre la vegetación.
Así sorprende fácilmente a sus presas, a las que atrapa
entre sus mandíbulas provistas de más de setecientos dientes.

fig. 3

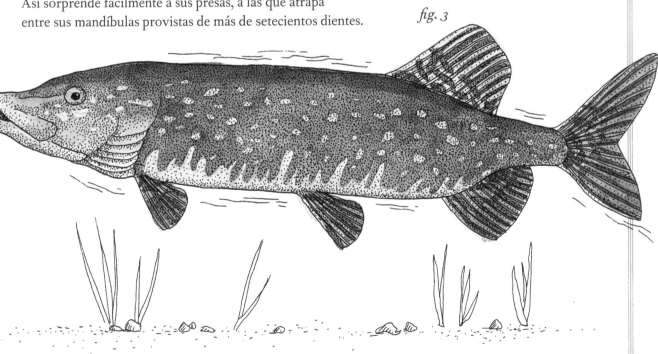

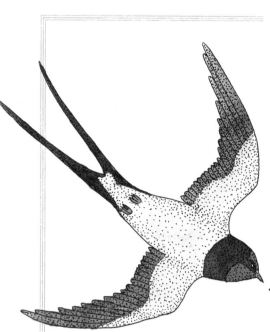

Golondrina común

Hirundo rustica

Clase: AVE

La golondrina se alimenta de insectos, que atrapa en pleno vuelo. Durante el invierno, emigra a las regiones cálidas.

fig. 1

fig. 2

Herrerillo común

Parus caeruleus

Clase: AVE

La hembra incuba ella sola sus huevos (de nueve a doce). Tanto el padre como la madre alimentan a los polluelos.

Tórtola turca

Streptopelia decaocto

Clase: AVE

La tórtola tiene un suave canto característico, el arrullo, que puede oírse a partir de la primavera.

fig. 3

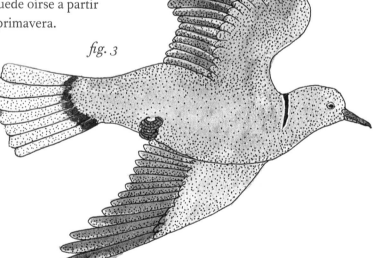

fig. 4

Gorrión doméstico

Passer domesticus

Clase: AVE

El gorrión suele vivir cerca de las personas, casi en cualquier lugar de la Tierra.

Garduña

Martes foina

Clase: MAMÍFERO

La garduña tiene el pecho blanco
y la cola tupida. En las ciudades,
rebusca entre la basura
para procurarse alimento.
A veces se guarece en los desvanes
de las casas o bajo los capós
de los vehículos.

fig. 1

Almirante rojo

Vanessa atalanta

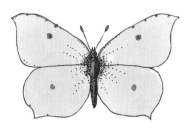

fig. 2

Limonera

Gonepteryx rhamni

fig. 3

Aurora o primavera

Anthocharis cardamines

fig. 4

Saltacercas

Lasiommata megera

fig. 5

Macaón

Papilio machaon

Mariposas

Lepidoptera

Clase: INSECTOS

Las alas y el cuerpo de las mariposas están cubiertos de minúsculas escamas. Las mariposas diurnas se posan al sol para calentarse.

fig. 6

Pavo real diurno

Inachis io

fig. 7

Ortiguera

Aglais urticae

fig. 8

Mariposa de la col

Pieris brassicae

fig. 10

Oruga de macaón

Papilio machaon

Clase: INSECTO

La oruga se convierte en una crisálida inmóvil, para después transformarse en mariposa al finalizar su metamorfosis.

fig. 9

Mariposa azul común

Polyommatus icarus

Gato doméstico

Felis catus

Clase: MAMÍFERO

El gato es un magnífico cazador.
Se desplaza sin hacer ruido
gracias a las almohadillas
que tiene en los dedos de las patas.
Con la oscuridad, sus pupilas se dilatan
y se vuelven redondas, por eso ve y se orienta
perfectamente durante la noche.

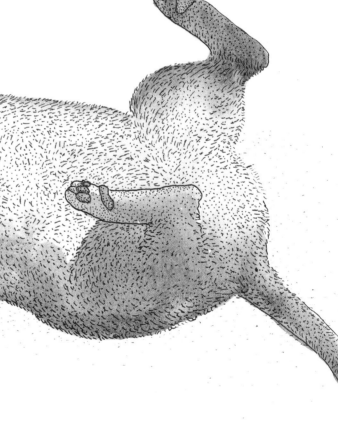

Gaviota reidora

Larus ridibundus

Clase: AVE

La gaviota reidora vive cerca del mar.
Debe su nombre a su grito ronco
y sonoro, parecido a una carcajada.

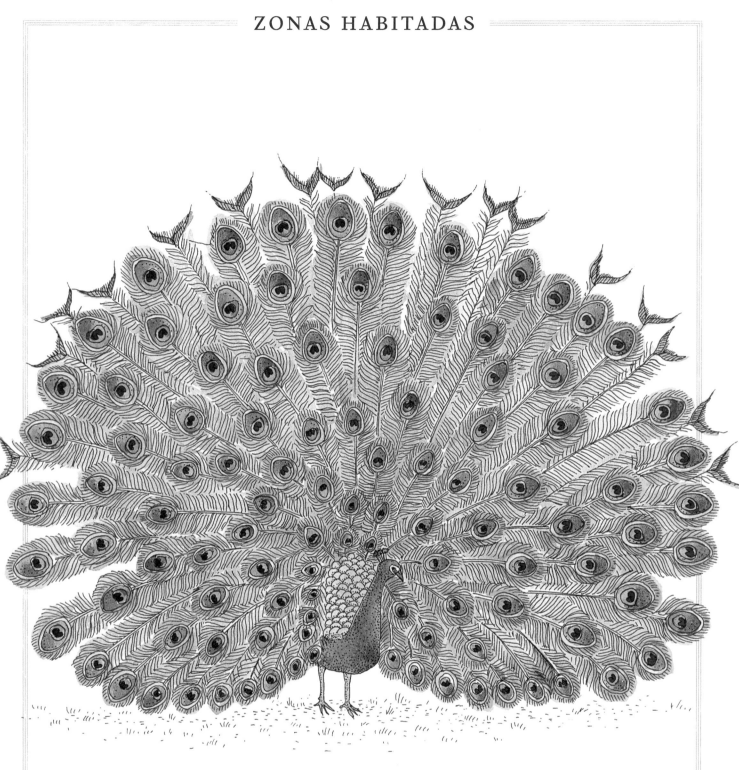

Pavo real

Pavo cristatus

Clase: AVE

El pavo real macho tiene el cuerpo azul.
Para seducir a la hembra, despliega su larga cola
formando un enorme abanico. Cada pluma de la cola
termina en un ocelo (mancha parecida a un ojo)
de colores muy vivos. Es originario de Asia.

Gallo, gallina y pollito

Gallus gallus

Clase: AVE

Los gallos y las gallinas apenas pueden volar. Picotean el suelo en busca de granos y lombrices. Del huevo de la gallina, fecundada por el gallo, nace el pollito.

– lámina 60 –

Cerda

Sus domesticus

Clase: MAMÍFERO

La hembra del cerdo tiene
la cabeza grande, las patas finas
y el cuerpo en forma de tonel.
Emplea el hocico como si fuese
una escavadora para procurarse
el alimento.

Oveja
y cordero

Ovis aries

Clase: MAMÍFERO

Al macho de la oveja
se le llama carnero.
Del carnero y la oveja
nacen los corderos.

Cabra doméstica

Capra hircus

Clase: MAMÍFERO

Con sus pezuñas fuertes y aguzadas,
la cabra es capaz de aventurarse
en los terrenos más escarpados.
Tiene unos cuernos pequeños y arqueados.
Se alimenta rumiando la vegetación.

Vaca

Bos taurus

Clase: MAMÍFERO

La vaca se alimenta de la hierba
que pasta. Primero la traga sin masticar,
y luego el alimento vuelve del estómago
a la boca para rumiarla.
Como todas las hembras de los mamíferos,
alimenta a sus crías —los terneros—
con la leche que producen sus ubres.

Burra
y pollino

Equus asinus

Clase: MAMÍFERO

fig. 1

El pollino o buche es la cría
del burro y la burra.

fig. 2

Los burros, también llamados asnos,
se distinguen de sus parientes los caballos
por sus grandes orejas, su cola larga
y su menor tamaño.

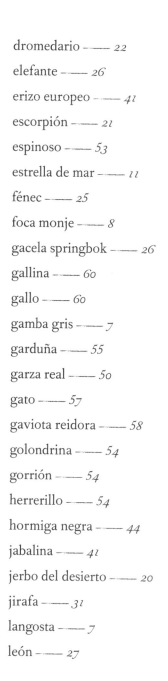

ÍNDICE

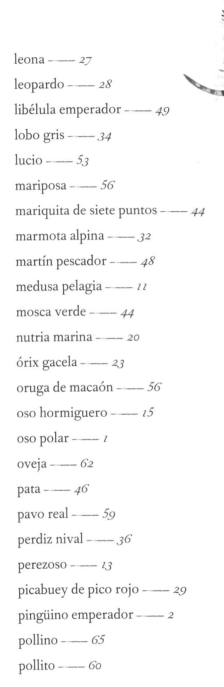